LA LUZ BRILLANTE Y LA OSCURIDAD TENEBROSA

Para Josías,
mi dulce niño
de ojos
sonrientes.

La luz brillante y la oscuridad tenebrosa

B&H Publishing Group
Nashville, TN 37234

Diseño de portada e ilustraciones: Rea Zhai

Director editorial: Giancarlo Montemayor
Coordinadora de proyectos: Cristina O'Shee

Clasificación Decimal Dewey: C152.4
Clasifíquese: MIEDO/VALENTÍA/MIEDOS EN LA NIÑEZ

ISBN: 978-1-0877-5371-3

Impreso en Heyuan, China
1 2 3 4 5 * 25 24 23 22

LA LUZ BRILLANTE
Y LA OSCURIDAD TENEBROSA
BIBLIA
Dan DeWitt
ilustrado por Rea Zhai
B&H niños

¿Alguna vez
has temido a
la oscuridad?

Yo sí.

En ocasiones, la oscuridad puede ser súper aterradora

Durmiendo

Screeeeek.

Smorggggg.

Splurrrttt.

Algunas cosas hacen ruidos extraños en la oscuridad.

¿Sabías que la Biblia habla mucho sobre la luz y la oscuridad?

De hecho, la Biblia es una
gran historia sobre la luz
y la oscuridad.

En el principio del mundo,
Dios dijo: «Hágase la luz».
Y la luz brilló con fuerza.

Entonces, Dios hizo a las
primeras personas, Adán y Eva,
para caminar en la luz.
Ellos amaron a Dios, y amaron la luz.

Pero un día, Adán y Eva desobedecieron a Dios. La Biblia llama a eso pecado. La oscuridad del pecado llenó el mundo entero.
Y la oscuridad era súper tenebrosa.

Screeeeek.

Smorgggggg.

Splurrrttt.

Poco después, la gente
comenzó a amar
la oscuridad más que a
la luz. ¿Puedes creerlo?

El mundo se volvía más y más oscuro con cada día que pasaba.

Screeeeek.

Smorggggg.

Splurrrttt.

A veces parecía que la oscuridad triunfaría.

Pero Dios seguía amando al mundo y a las personas que había creado. Dios prometió que un día un niño vendría al mundo. Él sería la luz brillante que vencería a la oscuridad tenebrosa.

Los profetas lo señalaron.
Los poetas cantaron sobre Él.
La gente anhelaba conocerlo.

Pero después de años y años, la luz aún no había llegado al mundo. Dios dejó de dar mensajes de luz. La gente esperó y esperó, y la oscuridad creció y creció.

Parecía que definitivamente la oscuridad estaba triunfando.

Screeeeek.

Smorggggg.

Splurrrttt.

Pero Dios no se había olvidado de
Su pueblo. Cuando llegó el momen
correcto... ¿adivina qué sucedió?

Screeeeek.
Smorgggggg.
Splurrrttt.

¡Dios envió al niño de la luz! El niño elegido y prometido nació. Se llamaba Jesús.

Los ángeles llenaron el cielo, entonando canciones sobre el nacimiento de la luz brillante que vence a la oscuridad tenebrosa.

Cuando Jesús creció, le dijo a todo el mundo que había venido a vencer la oscuridad y traer a la gente verdadero gozo.

Screeeeek.
Smorggggg.
Splurrrttt.

Pero muchas personas seguían amando
la oscuridad más que la luz brillante.
Y el mundo se volvió aún más oscuro.

Pronto la gente se cansó de oír a Jesús hablar de la luz. Lamentablemente, lo pusieron en una cruz para que dejara de hacerlo.

Jesús murió, y la gente lo enterró en una tumba. Parecía que la oscuridad había triunfado.

Y la oscuridad tenebrosa se hizo más oscura que nunca.

Screeeeek.
Smorggggg.
Splurrrttt.

Pero te contaré un secreto: la oscuridad
tiene miedo de la luz.
La oscuridad no es súper aterradora.
¡La oscuridad es como un gato asustadizo!

Screeeeek.
Smorggggg.
Splurrrttt.

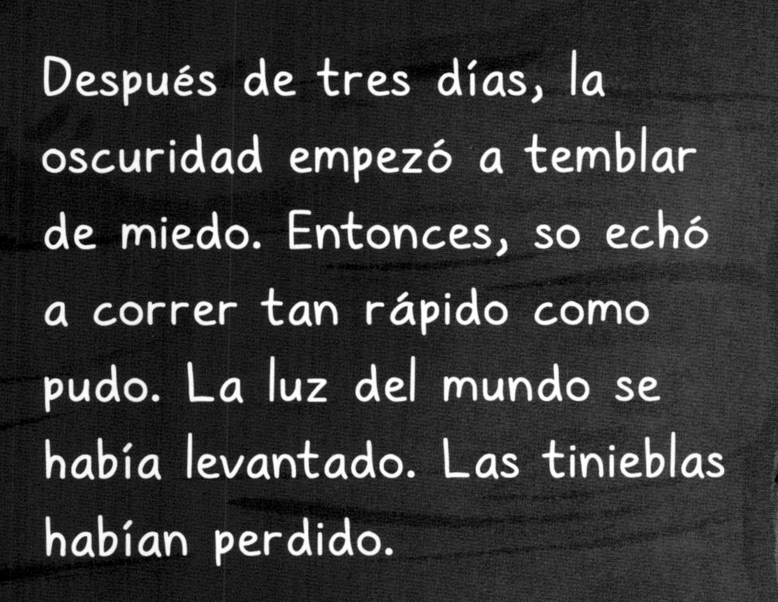

Después de tres días, la oscuridad empezó a temblar de miedo. Entonces, so echó a correr tan rápido como pudo. La luz del mundo se había levantado. Las tinieblas habían perdido.

¡Jesús estaba vivo!

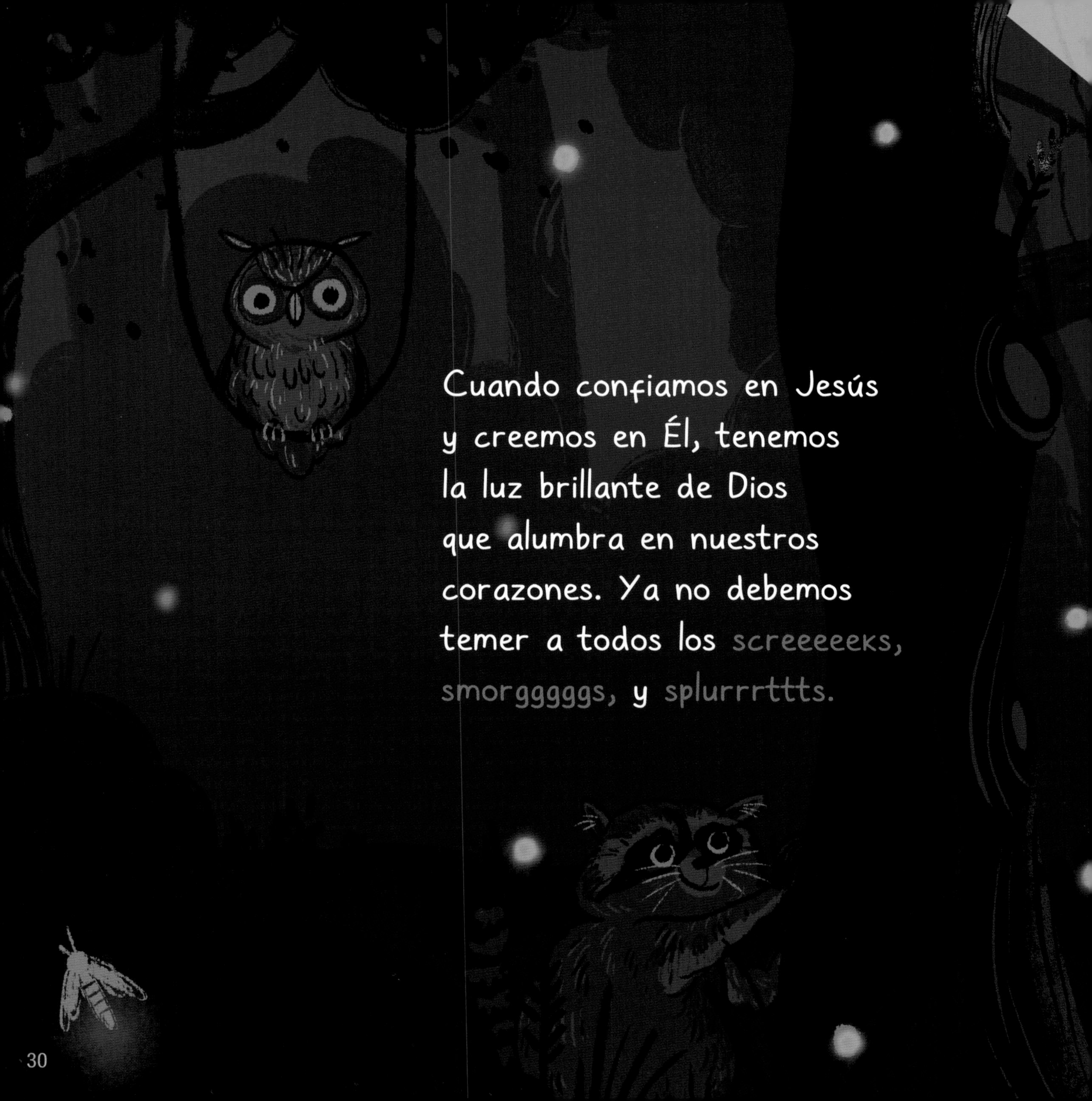

Cuando confiamos en Jesús
y creemos en Él, tenemos
la luz brillante de Dios
que alumbra en nuestros
corazones. Ya no debemos
temer a todos los screeeeeks,
smorgggggs, y splurrrttts.

Jesús es la luz brillante
que vence a la oscuridad
tenebrosa.

Recuerda:

Porque Dios, que ordenó que la luz resplandeciera en las tinieblas, hizo brillar su luz en nuestro corazón. —2 Corintios 4:6 (NVI).

Lee:

Juan 1:1-5. Jesús se llamó a sí mismo «la luz del mundo» (Juan 8:12). ¿Qué significa esto? Este mundo es oscuro y aterrador a veces. Sin embargo, la resurrección de Jesús demuestra que el pecado y la muerte no tienen poder sobre Él (Romanos 6:9-10). Por eso Jesús es la luz del mundo, ¡y esto es una muy buena noticia para nosotros! Todos los que confiamos en Jesús tenemos Su luz brillante dentro de nosotros. La oscuridad ya no tiene control alguno de ti o de mí. (Colosenses 1:13), y las tinieblas no pueden triunfar (Juan 1:5).

Así que, cuando tengas miedo, habla con Jesús. Pídele ayuda, calma y paz. Y recuerda que la oscuridad que ves y sientes no es más fuerte que la luz. ¡La oscuridad es solo como un gato asustadizo!

Piensa:

1. ¿Qué cosas te parecen tenebrosas? ¿Por qué crees que dan mucho miedo?
2. ¿Qué puedes hacer cuando tienes miedo? ¿Con quién puedes hablar? ¿Qué podrías decirle a Jesús?
3. ¿Has pedido alguna vez a Jesús que perdone tus pecados? ¿Le has pedido que haga brillar Su luz en tu corazón? ¿Le has confiado tu vida?